Henri IMBERT

LES NÉGRITOS

DE LA CHINE

HANOI-HAIPHONG

Imprimerie d'Extrême-Orient

—

1928

Les Négritos de la Chine

Des Anthropologues célèbres comme M. de Quatrefages et le Docteur Verneau s'accordent à dire que l'espèce humaine a pris naissance à la fin de l'époque tertiaire, quelque part dans le Nord de l'Asie.

Mais les froids glaciaires déterminèrent une grande émigration qui irradia en tous sens, et la plupart de ces populations primitives, de toute couleur et de toute taille, vinrent se grouper autour du massif de l'Himalaya et de ses ramifications, dans de grandes vallées ou de larges plateaux possédant divers climats.

A l'heure actuelle, tous les types de races humaines sont encore représentés autour de ce gigantesque massif, et la récente découverte du Docteur Legendre de types négroïdes vivant à côté de Blancs ou de Mongols dans le Tibet Yunnanais et Seutchouanais est venue confirmer cette doctrine ethnographique.

Quand l'élément négritique apparut dans le Sud et l'Est de l'Asie, il était représenté par les types Négrito et Papoua qui, pressés par les Aryens, durent alors se réfugier dans l'Est et le Sud-Est de la Chine, aux Indes, puis ensuite dans les îles et les archipels voisins du continent Asiatique.

Les races Négroïdes peuplèrent à un moment donné tout le Sud de l'Inde, de l'Indochine et de la Chine.

On retrouve encore maintenant des groupements de Négritos aux crânes brachycéphales aux Indes comme les Kaders dans les jungles du Dekkan, puis ceux des îles Andamans et quelques milliers de Négritos-Papouas (Weddahs) aux crânes dolychocéphales dans l'île de Ceylan.

Le Sud de l'Indochine possède encore actuellement des Négritos purs comme les Semangs et métissés de Malais comme les Sakaïs.

Dans le Siam, d'après MM. de Quatrefages et J. Schmitt (1) vivent des Chongs, purs Négritos aux cheveux laineux, crépus, signe de race, et de petite taille.

Dans le Cambodge, d'après MM. Verneau et Pavie des Tchiongs et des Kouis et on rencontrerait encore les Moïs de Honquan (2) en Cochinchine de petite taille, de couleur foncée aux cheveux crépus. — Et d'après M. le Dr Legendre on trouverait encore maintenant en Chine le type pur Négrito au Yunnan et au Seu-Tchouen. Puis enfin, quelques spécimens de Négritos existeraient au Laos dans la vallée du Nam-Nhuong (3).

Mais aux 1res époques de l'histoire chinoise, ce type Négrito peuplait tout le Sud de ce pays et même l'île de Haï-Nan comme nous avons essayé de le prouver dans notre étude sur les Négritos ou Hommes noirs de cette île (4).

On a trouvé des crânes de Négritos dans l'île de Formose et des traces de cet élément négroïde dans les îles Liou-Kiou et Kiou-Siou au Sud du Japon.

Les légendes Japonaises racontent elles-mêmes les luttes soutenues contre de terribles nains par les premiers conquérants du Japon. Un proverbe Japonais, très répandu dans le Sud du pays, dit qu'il fallait qu'un Samouraï ait la moitié de sang noir pour qu'il soit brave.

Etant donnée la preuve de l'existence de Négritos, à une époque pas très éloignée, dans les îles voisines de la Chine, il devenait évident qu'on la retrouverait également dans ce pays.

Et à l'heure actuelle, grâce au Dr Legendre, l'existence de Négritos dans le Sud-Ouest et l'Ouest de la Chine ne peut être niée.

Dès les premiers temps de l'histoire chinoise, plusieurs textes des livres classiques parlaient déjà de petits nains ou de noirs ; ainsi le 'Tchéou-li 周禮 composée sous la dynastie des Tchéou (1122-249 avant notre ère) au chap. Ti-Koan 地官 fait la description d'habitants ayant la peau noire et onctueuse.

Citons aussi ce passage du Li-Ki 禮記 chap. Ouang-Tche 王制. Règlements impériaux : « Des nains travaillaient pour l'Etat et recevaient de lui leur nourriture ».

Toujours dans le Li-Ki, au chap Lo-Ki 樂記 : « Dans la nouvelle musique, les pantomimes avancent, se retirent en désordre, et se

---

(1) Voir Revue Indochinoise No 15, août 1904.

(2) Bulletin de la Société des Etudes Indochinoises de Saïgon, 1910.

(3) Revue Indochinoise No mars 1911 Ethnographie du Laos par le père Guiguard.

(4) Revue Indochinoise No décembre 1917. Les Négritos d'Haïnan par Imbert.

tiennent *courbés*. Les sons sont défectueux à l'excès, et mauvais jusqu'à la fin. On voit arriver des *nains* Tchou-Jou 侏 儒 qui ressemblent à des singes Nao 獿 ».

D'après M. Terrien de Lacouperie (1) : « Des tribus d'une race de nains se trouvèrent en contact avec les tribus chinoises Back (Pe) vers 2116 Av. J. Ch., alors que ces dernières émigraient déjà dans le pays des fleurs et s'avancèrent à l'Est, le long de la rive Sud du Fleuve Jaune. Il est question de cette même race dans la Géographie fabuleuse de Chan-Hai-King, écrite quelques siècles avant notre ère, quand les Chinois s'avancèrent dans la région qui forme aujourd'hui le Sud-Est de la province de An-Hui, ils y rencontrèrent de nouveau quelques unes de ces tribus naines ».

Toujours d'après M. Terrien de Lacouperie (2) dans la 29e année du règne de l'empereur Yao, au printemps, le chef du Tsiao-Yao 僬 僥 ou des Pygmées noirs vint à la cour et offrit comme tribut des plumes (as tribute feathers from the Mot (3) water).

Selon le père Couvreur, cet ancien royaume se trouvait dans le Nord du Ho-Nan actuel.

Si on décompose le caractère Tsiao en deux parties, jen 亻 et Tsiao 焦 ; la 2e partie signifie noirci par le feu, le soleil ; alors le caractère complet peut être lu : homme noirci par l'action du feu, du soleil.

Cette interprétation par M. de Lacouperie de ce caractère est probablement exacte, car les peuplades primitives de la Chine étaient toujours définies par le trait le plus saillant de leurs mœurs. Ainsi les 工 étaient de grands gaillards 大 qui se servaient d'arcs 弓, leur nom s'écrivait 夷.

Les Mans élevaient l'insecte 虫 qui produit la soie 絲 ; leur nom s'écrivait 蠻.

Les Ti nomades campaient, des chiens 犭 gardaient leurs tentes durant le jour, et des feux de camp 火 protégeaient leurs troupeaux contre les bêtes fauves pendant la nuit ; leur nom s'écrivait 狄.

Enfin les Miao, aborigènes de race blanche de la Chine qui ont cultivé les 1ers des champs 田 couverts de plantes sauvages 艸, leur nom s'écrivait 苗.

---

(1) p. 74 Les Langues de la Chine avant les Chinois.

(2) The Babylonian and Oriental Record 1891.

(3) Cette rivière Mot se trouverait d'après M. Terrien de Lacouperie dans la province du Chan-Tong au Sud du Tai-Chan.

D'après le Tchoen-Tsieou-Tso-Tchoang, révisé par Confucins (550 à 479 av. J. Ch.), des Pygmées Tchou-Jou 侏 儒 existaient dans la principauté de Tchou 邾, actuellement la préfecture de Ten-Tcheou-Fou, au sud du Chan-Tong et du Mont Taï-Chan, Cette principauté fut détruite par Tsang-Ou-Tchong, du royaume de Lou, oncle du prince Siuen 宣.

Ces Pygmées furent alors probablement chassés de leur pays et obligés de se réfugier au Japon ; car d'après les annales des Han un royaume de nains existait à l'Est de la Chine, et les Japonais sont encore désignés par les Chinois sous le nom de Wo-Jen 倭 人, les nains. Mais on peut prononcer encore ces deux caractères Wei-Jen les Hommes courbes, or, les aïnos marchent pliés en deux.

D'un autre côté, les annales des Han du règne de l'empereur Ngan-Ti (107 à 125 ap. J. Ch.) font mention de Pygmées de 3 à 4 pieds de haut habitant un pays à 4.000 lis au Sud du Royaume de la reine Pi-Mi-Hou du Japon que M. de Rosny identifie avec la célèbre princesse Zingo qui fit la conquête de la Corée.

Selon M. Terrien de Lacouperie, en 237 av. J. Ch., des Pygmées furent faits prisonniers à Tan-Yang dans le Kiang-Sou.

Le prince Liou-Nan (mort en 122 av. J. Ch.) appelé Hoai-Nan-Tzeu, parle d'un Royaume de nains noirs Tsiao-Yao-Kouo 焦 僥 國 du Sud-Ouest de la Chine, dont la taille des habitants de ce pays ne dépassait pas 3 pieds (1 ᵐ 09) (1).

D'après le père Gaillard dans son Nan-Kin, page 47, l'an 166 de notre ère Ngan-Tun (Marc Autoine) envoya une mission en Chine. Ce serait la 1ʳᵉ arrivée des Romains proprement dits en ce pays.

L'an 226, un marchand romain qui avait été à la Cour des Ou, à Nankin, reçut un présent de *Pygmées Négrilles,* qu'il devait emmener avec lui en sa patrie, mais ce projet échoua.

Dans les textes chinois, on ne parle plus guère ensuite de ces pygmées. Mais vers 1330, le frère Odoric de Pordenone les a mentionnés dans la relation de son voyage qui a été publiée par M. H. Cordier.

Cette relation est intéressante car elle est basée sur des faits naturels et ce voyageur a traversé des pays chinois peuplés de races naines cultivant le coton.

La cité de ces Pygmains s'appelait Chaan ; d'après M. H. Cordier ce devait être une ville du Ngan-Hoei ou du Kiang-Sou. En se rendant à Yang-Tcheou Odoric sera passé dans le district de Tché-Kiang, D'après

---

(1) Voir Dict. Tsé-Yuen à l'article 焦

ce voyageur, ces Pygmains n'avaient que III espans de haut (27 pouces),
mais de corps bien proportionnés et de gracieux visages.

Très batailleurs ils étaient en guerre continuelle les uns contre les
autres, mais citons ce curieux passage de sa relation de voyage : « En
ceste cité les Pygmains ne labourent point les terres ne les vignes ne
telz fortes labeurs, mais ilz font le meilleur ouvrage de coton qu'on
teinst au monde, et si ont leurs en citez grandes gens qui labourent
les terres et les vignes et font les autres grandes labeurs ; de ces grandes gens se troffent ces Pygmains ainsi que nous faisons en ces parties
des gens qui sont grant oultre mesure de raison. Le grand Khaan (fait)
garder ces Pygmains très soigneusement et fait leur ville garnir de
tous biens à très grant habundance. Ces Pygmains sont autrement nom-
més Bidun. Ilz sont droitement gens vivants raison comme nous. »

Avant d'aller plus loin nous allons donner les caractères généraux
des Négritos des îles Andamans qui représentent le type pur de cette
race de petits nègres.

Ce type est caractérisé par la petitesse de la taille variant de
1 m 30 à 1 m 50, la gracilité des membres qui sont rondelets comme ceux
des chérubins de Raphaël, par le développement des pectoraux. Le
ventre pointe un peu en avant comme chez les enfants. Les mains sont
petites et assez bien faites, les pieds pas trop larges ont le gros orteil
préhensible.

Ils sont brachycéphales ou sous-brachycéphales avec un indice
variant de 80 à 83, 84 et au delà. Leur tête vue de face paraît presque
globuleuse au lieu d'être comprimée et allongée comme chez le vrai
nègre ; leur chevelure est crêpue quelque fois frisée, mais leurs cheveux
sont doux au toucher ; ces Négritos des îles Andamans ont presque
toujours le crâne rasé, le front est large et souvent bombé au lieu
d'être étroit et fuyant. Le nez, très enfoncé à la racine, est droit plutôt
court ; les narines en général peu épatées sont parfois étroites. Les
yeux sont noirs, bien fendus, rêveurs et doux. Les lèvres un peu
épaisses, mais rien qui rappellent celles des nègres. Les dents sont
blanches, mais leurs arrières-molaires ressemblent à celles des Chim-
panzés, comme celles des Australiens. Le menton est petit, et le
prognathisme est entièrement nul ou presque.

Leur intelligence est des plus vives et ils montrent une grande
faculté d'assimilation. Ils apprennent les langues avec une étonnante
facilité. Enfin, ils ne ressemblent aux nègres africains que par les
cheveux et le teint.

M. Hamy a appelé les Négritos africains, en général dolichocéphales,
Négrilles pour les différencier des Négritos asiatiques presque toujours
brachycéphales, sauf les Weddahs.

Mais d'après les recherches du Dr Poutrin (1) des Négrilles brachy-céphales existent également à côté des Négrilles dolychocéphales, cette découverte est très importante au point de vue de l'Ethnographie de l'Indochine, car certains Moïs comme ceux par ex. de Hon-Quan, sont dolichocéphales, mais ont les cheveux crépus, une petite taille et le teint noir, et peuvent être alors rattachés aux Négritos, de même que certaines races primitives du Cambodge, comme celle ayant habité les bords du lac Tonlé-Sap.

Disons au sujet de ce pays que dans ces 40 dernières années des fouilles faites à Som-Rong-Sen dans des amas de coquillages près de ce lac ont amené la découverte d'outils de pierre de ciseaux en petro-silex, des haches gouges et des objets de parure en calcaire et en coquille rappelant ceux des stations palafittes d'Europe.

Mais certaines de ces pièces comme les haches à talon diffèrent totalement du type européen. M. Mansuy les a retrouvées également dans la grotte de Pho-Binh-Gia près de Lang-Son à côté de la frontière de Chine.

D'après M. Jammes, ce même type se retrouverait également dans la province du Koang-Tong.

Il y a quelques années les Japonais D. Sato et Harada ont également recueilli de ces haches de pierre à talon analogues à celles de l'Indo-chine et de la Chine, dans l'île de Formose où l'on a trouvé des crânes de Négritos qui, d'après le Dr Hamy, ont peuplé cette île à une époque.

M. Cartailhac dans sa brochure sur l'âge de la pierre en Asie attribue ces outils de pierre du Cambodge à cette race Négrito dont les traces se rencontrent dans ces parages et qui a occupé jadis tout le Sud et l'Est de l'Asie.

Comme il est maintenant prouvé que des échantillons de cette race se rencontrent encore aujourd'hui dans le Sud-Ouest de la Chine ; on est donc autorisé à supposer que l'on arrivera également à découvrir dans ce pays les outils de pierre, les haches à talon de ces Négritos.

Ainsi que nous l'avons dit ci-dessus, M. le Dr Legendre lors de ses divers voyages dans les marches Tibétaines du Seu-Tchouen et du Yunnan a rencontré deux types intéressants de négroïdes (A) et (B) qui sont peut-être les prototypes de la race humaine en Asie et dans l'univers entier. Il est probablement le 1er à signaler ces étranges spécimens d'un lointain passé.

Il a donné communication de ses recherches à ce sujet dans le tome 1er, 6e série de l'année 1910 du Bulletin de la Société d'Anthropologie de Paris.

---

(1) p. 435 Tome XXI Année 1910 de l'Anthropologie.

Negritos des Philippines.

Il a rarement rencontré le type (A) de ces nains, et il n'a jamais pu le mensurer, mais d'après lui, il est franchement négroïde par les traits, simiesque même par certaines caractéristiques, avec prognathisme marqué et bouche énormé, le teint est bronzé ; sa taille est en moyenne d'un 1 ᵐ 50 chez les hommes.

Le Type (B) se rapproche beaucoup des type (A), la pigmentation est très accentuée, brune, noirâtre, les cheveux crépus. La taille est petite comme dans l'autre type.

Le Dʳ Legendre considère le type (A) comme le 1ᵉʳ occupant du sol chinois. Quant au négroïde (B) il le rattache au type *Négrito*.

Pour lui le plus curieux des deux types est incontestablement le type (A). La faible pigmentation de la peau et la *coloration rosée* du visage, en contraste étrange avec ses caractéristiques négroïdes, restent une énigme pour ce savant.

Postérieurement, dans son ouvrage, au Yunnan et dans le massif du Kin-Ho, paru en 1913, chez Plon, il précise sa découverte page **260**, il parle de sa rencontre à Ta-Tsien-Tou, Seu-Tchouen, de beaux **types** négroïdes et il reconnaît sur certaines têtes aux traits nullement grossiers, à la tignasse crépue, et si caractéristique du *Négrito*.

A la page 192 du même ouvrage, il parle aussi d'un type de petite taille, avec des traits grossiers presque simiesque et portant une abondante chevelure crépue.

Page 248 il donne la photographie d'une femme Négrito, prise au milieu de Sifans de la vallée du Yalong ; elle est de petite taille et possède une abondante et ébouriffée chevelure crépue, sa figure est simiesque, elle rappelle le type Negrilo-Papoua de la Nouvelle-Guinée.

Enfin, dans son appendice de la page 389 il devient plus affirmatif dans sa conviction de l'existence de Négritos en Chine, citons in extenso ce passage : « Les populations observées dans les districts nouveaux explorés manquent d'unité ethnique, c'est-à-dire que presque partout elles se sont mélangées entre elles, aussi avec l'élément chinois émigré et même avec une race polynésienne très basse dans l'échelle humaine. Je veux parler de celle des *Négritos*. Car il n'est plus possible de contester la présence de cette race dans la Chine Occidentale. Lorsqu'il y a 3 ans (1910), j'ai signalé, à l'école d'anthropologie, l'existence de types négroïdes au Seu-Tchouen, un certain scepticisme se fit jour, ou plutôt quelqu'un voulut nier l'évidence.

A mon retour cette fois, j'ai montré le type *Négrito* lui-même, dans toute sa pureté révélatrice. J'en ai observé des représentants jusqu'au 30ᵉ parallèle en pleine Marches Thibétaines, dans la haute montagne ».

Cette découverte de ces deux types de Pygmées blancs et noirs est très importante, car elle confirme la doctrine ethnographique de

M. de Quatrefages et Verneau que le berceau de la race humaine se trouve dans le massif de l'Himalaya et de ses contreforts.

Un texte chinois le Nan-Tchao-Ye-Che ou l'histoire particulière de l'ancien Royaume du Nan-Tchao (Yunnan et Kiên-Tchang du Seu-Tchonen) écrit par Yang-Chen en 1550 faisait du reste pressentir cette découverte du Dr Legendre de types Négroïdes dans l'Ouest de la Chine.

A plusieurs reprises, l'auteur de cet ouvrage décrit des sauvages de cette province de petite taille, de teinte foncée, à l'aspect simiesque, menant une vie misérable, mangeant des racines de plantes, des serpents, des grenouilles, de petits mamifères.

Nous avons déjà donné des extraits de ce texte chinois dans notre brochure des grands singes connus des anciens Chinois, nous y renvoyons les lecleurs.

Dans le Tome II Kiuen 4 de cet ouvrage, Yang-Cheng décrit les Tou-la 杜 喇, au teint noir, au type étrange, ayant à peine apparence humaine, ils ont l'air de se rapporter aux Pou-la qui ont été étudiés par Mme Augustine Henry ; ce sont d'après elle de véritables nains les hommes mesurant à peine 1 ^m 25 ; elle les a rencontrés au Yunnan dans les environs de Mong-Tzeu et de Yuen-Kiang. Elle a publié son étude dans le Report of the 72 Meeting of the Britisch association of the advancement of science.

Ces Pou-la de 1 ^m 25 rappellent les fameux Pygmées noirs Tsiao-Yao de Hoai-nan-tzeu dn Sud-Ouest de la Chine qui ne dépassaient pas 3 tche (1 ^m 09).

Les Hounis du Yunnan émigrés aussi au Sud du Fleuve Rouge, dans le Haut-Tonkin, au teint très noir, sont d'après le Dr Guillemet (1) de type foncièrement négroïde, avec le nez épaté et les cheveux crépus, ils ressenblent fort bien a un des types du Docteur Legendre.

La découverte de ce dernier montre aussi que, comme dans d'autres régions du globe, les derniers spécimens de Négritos se sont réfugiés dans des massifs montagneux.

Elle donne égalemet un certain crédit à cette théorie qui a longtemps assigné le mont Koen-luen qui, avec ses ramifications, s'étend d'après E. Reclus sur 4.000 k. de longneur, comme lieu d'habitat de petits nègres.

Rappelons que la Société de Géographie de Paris avait proposé vers 1830 un prix pour celui qui pourrait éclaircir l'existence de ces petits noirs ayant habité ce massif et appelés Koen-luen 崑 崙 par les Chinois

---

(1) Revue Indochinoise N° octobre 1916.

et qui d'après le Che-Ki (voir Chavanne) étaient couverts de peaux de bêtes, et dont ils auraient gardé le souvenir, car le père Dols (année 1909 des Missions catholiques) a vu dans une grotte du Kan-Sou (au N. E. du Koen-luen) une statuette de Négrillon à figure noire, aux yeux luisants, aux lèvres d'un rouge éclatant.

Comme on ne peut plus douter de l'existence de Négritos dans le Tibet du Seu-Tchouen, ils ont certainement vécu aussi dans ce massif Koen-luen à une époque pas encore très éloignée, et les anciens Chinois leur donnaient le nom de cette montagne. Puis ils ont ensuite donné ce même nom aux Négritos à leurs métis et même aux Malais du Sud-Annam et de la presqu'île de Malacca et aussi aux pays où habitaient ces petits noirs.

Ainsi, un des derniers points de l'Est de la Chine où cette petite race vivait encore à l'époque des Han, se trouvait dans la région montagneuse de la presqu'île du Chan-Tong, or il existe justement un petit massif montagneux appelé Koen-luen (1).

Nous supposons également que ces petits noirs ont existé dans le Koang-Si, puisqu'on y trouve aussi un mont Koen-luen. Du reste dans cette province les anciens textes font mention des Hou noirs, Ou-Hou 烏滸.

Puis aussi les Tan-Kia qui habitent maintenant les côtes du Sud de la Chine et surtout le Koang-Tong, sont venus dans cette province à la fin des Song, des régions montagneuses de l'intérieur du pays chinois. Ils sont probablement des descendants de Négritos, car d'après le Koang-Tong-Sin-Yu ils avaient dans l'ancien temps, le corps noir, et sont encore du reste d'une petite taille.

Une autre preuve peut-être de l'ancienne existence de ces Négritos dans la province du Koang-Tong subsisterait à cause de l'emploi encore actuellement de la sarbacane, l'armée préférée de ces petits nègres primitifs à Bornéo et des Semans de la presqu'île de Malacca, par les indigènes, Laïs de la presqu'île du Lei-Tcheou. Nous avons pu, grâce à un missionnaire, nous en procurer un assez beau spécimen de 3 m 97 de longueur et des flèches 0 m 57 à 0 m 58 avec des pointes en fer et en bois.

Celle que nous avons entre les mains provient du district de Kiang-Kong-Kang 江洪港 en face de l'île de Wei-Tchao, à 110 lis au Sud de la préfecture du Lei-Tcheou. Les habitants de cette région s'en

------

(1) Voir la carte du Chan-Tong de la géographie de la Chine du père Le Gall.

servent continuellement pour chasser les oiseaux et les animaux de petite taille : renards, civettes, chats sauvages, etc,....

Le type négroïde (A) du Dr Legendre rappelle étrangement la petite tribu des Kubus de Sumatra que le Dr Verneau, dans son ouvrage sur les races humaines p. 505, rattachent avec les Miao-Tzeu aborigènes de la Chine et les Aïnos du Japon, dans la branche allophyle, des races blanches ou pouvant être regardées comme telles.

Ces Kubus ou Orang-Koubou sont des hommes de petite taille de 1 ^m 59 en moyenne pour les hommes et de 1 ^m 49 pour les femmes. Rienzi les désigne sous le nom d'hommes pithécomorphes à forme de singe, le colonel Versteeg les appelle hommes à poil à cause du développement exagéré de leur système pileux.

Leur civilisation est si rudimentaire qu'ils ignorent les armes et les outils, et qu'ils n'ont même pas connu l'âge de pierre. Cachés dans leurs montagnes, ils vivent péniblement de baies, de racines, de crevettes, de serpents et de sangliers. Ils sont aidés dans leur chasse par de grands chiens.

M. Montono a aussi découvert à l'intérieur de l'île Bornéo, dans la vallée de la rivière Sagaliud, une tribu de petite race appelée Boulé-Doupis. Ces indigènes ont les traits presque européens.

D'après M. de la Gironnière, une tribu du même genre existerait aussi au milieu des forêts de l'île de Luçon. L'existence de ces petits groupes de race blanche, perdus au milieu des races des archipels d'Extrême-Orient et même du continent Asiatique est un fait excessivement intéressant et sur lequel on ne saurait trop prendre de renseignements.

En résumé, le Sud et l'Ouest de la Chine ont été peuplés dans les temps primitifs, par de petites races blanches et noires dont quelques spécimens subsistent encore au Yunnan et au Seu-Tchouen.

Cette race Négrito s'est même assez longtemps maintenue dans les monts du Chantong, du Koang-Si, dans les massifs de l'intérieur de l'île de Formose et de l'île de Hai-Nan qui n'ont jamais été sérieusement explorés.

De plus, la rencontre par le Dr Legendre de ces deux types de négroïdes nains dans l'Ouest de la Chine vient heureusement confirmer de vieux textes chinois comme celui cité plus haut de Hoai-Nan-Tzeu de Pygmées noirs de 1 ^m 09 de taille.

Avant de terminer rappelons que la découverte dans la grotte de Baoussé-Rousse, près de Menton, de trois squelettes de petits négroïdes prouve que le rivage européen de la Méditerranée fut jadis peuplé par une race de nègres nains. Plus récemment encore on a trouvé en Suisse des Pygmées de l'époque néolithique.

Il résulte de tout ceci que l'humanité la plus ancienne a été formée de Pygmées blancs et noirs qui, avec une alimentation meilleúre, plus carnée (1), des climats plus doux, se sont modifiés au point de vue de la taille et de l'intelligence et ont finalement formé les races humaines actuelles.

Henri IMBERT.

----

(1) Au sujet de l'influence de l'alimentation sur le développement physique des races, il est intéressant de constater l'accroissement de la taille chez les Japonais, depuis qu'ils mangent plus de viande. Bientôt les Chinois ne pourront plus les traiter de nains.